1. Auflage 2020

Illustrationen: Philip Waechter (www.laborproben.de)
Texte (gesammelt und ausgedacht): Moni Port (www.portschau.de)
Umschlag- und Innengestaltung: Moni Port
Herstellung: Florian v. Wissel, hoop-de-la design, Köln
Reproduktion: Europrint Medien, Berlin
Druck und Bindung: Livonia Print, Riga
Printed in Latvia
ISBN 978-3-95470-243-5
www.klett-kinderbuch.de

FSC www.fsc.org
MIX
Papier aus verantwortungsvollen Quellen
FSC® C002795

Moni Port · Philip Waechter

Wenn die Kuh am Himmel schwirrt

Alberne Bauernregeln und quatschige Bilder

Klett Kinderbuch

Wenn die Kuh am Himmel schwirrt,
hat sich die Natur geirrt.

Hat der Bauer Lust auf Schinken,
fängt der Eber an zu winken.

Klebt der Hofhund an der Mauer,
war der Stier wohl richtig sauer.

Ist das Ferkel mal nicht froh,
versteckt es sich allein im Stroh.

Liegt die Katze platt im Keller,
war'n die Mäuse wieder schneller.

Sitzt die Jeans des Bauern lose,
sieht man seine Unterhose.

Kräht der Maulwurf auf dem Dach,
liegt der Hahn vor Lachen flach.

Liegt die Ziege grün im Schrank,
ist sie offensichtlich krank.

Cremen sich die Schweine ein,
wird's ein heißer Sommer sein.

Sind beim Melken kalt die Finger,
wird die Kuh zum Stabhochspringer.

Fährt der Eber an den Baum,
verkleinert sich der Kofferraum.

Liegt der Esel faul im Stall,
war er auf dem Abschlussball.

Ist der Hahn erkältet, heiser,
kräht er morgens etwas leiser.

Wenn der Hund vom Dache pieselt,
denkt die Bäuerin, es nieselt.

Hat der Bauer kalte Schuhe,
steht er in der Tiefkühltruhe.

MARKT
Eis mit ♥
Dorf-fest!
25.06

Fliegt der Hofhund übers Dach,
ist der Wind nicht wirklich schwach.

Klaut der Hahn dem Huhn die Eier,
darf er nicht zur Weihnachtsfeier.

Trinkt der Bauer zu viel Rum,
werden alle Furchen krumm.

Liegt ein Auge auf dem Tresen,
ist ein Zombie da gewesen.

Fällt dir auch eine ein?